POUR

LES ÉLECTEURS LÉGISLATIFS

DE 1885

EN GUYANE FRANÇAISE

———

LETTRE

DE

M. GUSTAVE FRANCONIE

Député de la Guyane

À

M. CHATELLIER

Avocat à Cayenne

❧

PARIS

IMPRIMERIE NOUVELLE (ASSOCIATION OUVRIÈRE)

11, RUE CADET, 11

—

1884

LETTRE

DE

M. GUSTAVE FRANCONIE

Député de la Guyane

A

M. CHATELLIER

Avocat à Cayenne

POUR

LES ÉLECTEURS LÉGISLATIFS

DE 1885

EN GUYANE FRANÇAISE

———

LETTRE

DE

M. Gustave FRANCONIE

Député de la Guyane

A

M. CHATELLIER

Avocat à Cayenne

———

PARIS

IMPRIMERIE NOUVELLE (ASSOCIATION OUVRIÈRE)

11, RUE CADET, 11

—

1884

A

Monsieur Chatellier

Avocat à Cayenne

(Guyane française)

Réponse à une protestation « platonique » d'un citoyen créole de Cayenne, contre l'envoi à la Guyane française des récidivistes métropolitains.

POUR LES ÉLECTEURS LÉGISLATIFS

de 1885

A LA GUYANE

A Monsieur Chatellier, avocat, à Cayenne.

Sous ce titre : *Pour la Guyane*, vous avez, monsieur, récemment publié une brochure, à Cayenne. En tête de cette brochure, vous avez bien voulu mettre la dédicace suivante : *A Monsieur Gustave Franconie, député de la Guyane française.* Enfin, et comme sous-titre à votre ouvrage, vous y avez encore inscrit ces mots : *Protestation « platonique » d'un citoyen, créole de Cayenne, contre l'envoi à la Guyane française des récidivistes métropolitains...*

Je ne vous cache pas, monsieur, qu'en recevant, il a quelques jours, cette brochure, et en y lisant superficiellement le titre, la dédicace et le sous titre que je viens de reproduire, je fus, au premier moment, bien vivement intrigué, et me fis de bien singulières illusions.

« Qui donc, à la Guyane, avait pu songer à me dédier une protestation contre la loi des récidivistes?... »

« Était-ce, par hasard, quelque ami qui, m'ayant vu naguère protester, moi aussi et à ma façon, contre l'envoi probable de ces criminels dans mon pays, avait voulu m'adresser un témoignage de sympathie et m'indiquer quelque moyen nouveau d'entraver à cet égard les mauvaises intentions du gouvernement? » — Telle fut ma première pensée.

Et, du même coup, sans plus réfléchir, prenant déjà mes désirs pour la réalité, répondant enfin presque affirmativement moi-même à cette pensée, je courus à la signature de la brochure.

Mais hélas! monsieur, quelle n'était pas mon erreur et quelle ne devait pas être ma déception! L'auteur de la brochure, ce n'était pas un de mes amis, monsieur, mais vous : vous même, c'est-à-dire un de mes adversaires politiques certainement les moins contestables et les plus naturels.

Dès lors, vous pensez si mes réflexions durent prendre un tour tout à fait nouveau, et si je dus être bien plus intrigué encore qu'auparavant.

Dans ces conditions, en effet, que pouvait bien contenir votre brochure? Pourquoi aviez-vous souligné dans votre sous-titre le mot *platonique*, qui avait d'abord échappé à mon attention? A quel

propos surtout m'aviez-vous fait la dédicace de
votre œuvre? En un mot, que pouviez-vous bien
me vouloir?

Telles furent les questions qui dès lors se pres-
sèrent dans mon cerveau et qui, ne me permettant
aucune réponse satisfaisante, ne me laissèrent plus,
je vous l'avoue, sans de grandes perplexités et sans
de vives inquiétudes.

Que le livre que je tenais à la main ne dût être
ni un témoignage de sympathie, ni un conseil ami-
cal, c'est ce dont je ne pouvais plus vraisemblable-
ment douter, n'est-ce pas, monsieur?

Qu'était-ce donc alors que ce livre? — Apparemment une attaque.

Certes, non pas une de ces attaques directement
personnelles, injurieuses, grossières, telles que je
me rappelais en avoir eu tant à subir autrefois, au
début de mon mandat, et telles que j'en avais encore
tant subies depuis.

Oh! non, monsieur.

Je vous savais vraiment un esprit trop distingué,
trop fin, trop cultivé, trop habitué aux formes pour
supposer un seul instant que vous aviez dû chercher, soit dans mes difformités physiques, soit dans
mon infirmité intellectuelle, des arguments contre
moi, pour la thèse que vous aviez choisi de développer.

Encore une fois, non, monsieur.

Dans ma pensée, au contraire, votre attaque devait être pleine de courtoisie, pleine de convenance, pleine de science, pleine de finesse..... pleine de finesse surtout. Elle devait être telle que je devais moi-même l'attendre de vos facultés, qui m'avaient été de bonne heure connues; telle que je devais l'attendre de l'éducation soignée que, à ma connaissance encore, vous aviez autrefois reçue; et, sous tous ces rapports, je pouvais être pleinement rassuré.

Mais, enfin, monsieur, ce n'en devait pas moins être une attaque, et alors je me demandais comment vous aviez bien pu vous y prendre vraiment pour m'inculper à propos d'une protestation contre l'envoi des récidivistes à la Guyane.

Ainsi que je le rappelais tout à l'heure, j'avais moi-même protesté naguère contre l'envoi probable de ces criminels dans notre pays. Vous ne pouviez l'avoir ignoré. Vous veniez aujourd'hui protester à votre tour. Il n'y avait pas de question sur laquelle nous fussions, en apparence, plus absolument d'accord, sinon sur toutes autres.

Encore une fois, comment pouvais-je être, à cet égard, l'objet d'une attaque de votre part? Je n'y comprenais vraiment rien, et alors surgissaient de nouvelles questions, et des questions plus confuses encore.

Votre brochure était-elle bien réellement une attaque? Etait-elle bien réellement une protestation? — Je m'y perdais et plus que jamais je demeurais perplexe.

D'autre part, et je vous l'ai dit, monsieur, je n'étais pas sans inquiétude.

En effet, il y avait déjà quelque temps qu'on avait pris l'habitude, à Cayenne, de ne plus s'occuper de ma pauvre personne.

J'en étais bien heureux, Monsieur, je vous l'assure !

Mais voilà que vous veniez tout à coup attirer de nouveau l'attention sur moi ; me dédier tout un livre ; me prendre à partie peut-être ; me mettre dans la nécessité de vous répondre, de me défendre, de parler de moi.

N'était-ce pas certainement, monsieur, le plus mauvais service que vous pouviez me rendre ?

Car, enfin, outre le surcroît que vous apportiez ainsi à mes occupations ordinaires, n'alliez-vous pas encore soulever une fois de plus contre moi toute la vieille animosité de mes adversaires politiques de la Guyane, vos coreligionnaires ? N'alliez-vous pas, une fois de plus, exciter contre moi tout ce monde qui, lorsqu'il m'avait autrefois lui-même obligé à parler de moi, de ce moi si haïssable, ne manquait jamais ensuite de m'accuser de toutes sortes de vices : présomption, vanité, impertinence, sottise, que sais-je encore ?... et finissait toujours, en somme, par me dire les choses les plus désagréables ?

Et alors, Monsieur, je vous le demande, comment pouvais-je ne pas être inquiet, ne pas me troubler, ne pas frémir presque de terreur ?

Aussi, je vous l'avoue, je m'inquiétais, je me troublais, je frémissais.....

Cependant, monsieur, je ne pouvais éternellement m'abîmer dans mes incertitudes, m'inquiéter et frémir. Il me fallait enfin me décider à ouvrir votre livre et à voir de quoi il y était question. C'est ce que je fis, et je lus consciencieusement ce livre d'un bout à l'autre.

Or, monsieur, ma lecture achevée, qu'avais-je en réalité trouvé dans votre brochure, et comment pouvait-elle, dorénavant et définitivement se résumer dans mon esprit? — C'est ce que maintenant je vais vous dire, et vous me pardonnerez, si, malgré toute la courtoisie que vous avez bien voulu si gratuitement me prêter, je n'hésite pas dès ce moment à mettre, comme on dit, carrément les pieds dans le plat.

Suivant moi, votre brochure était bien une sorte de protestation contre l'envoi des récidivistes à la Guyane; mais une protestation telle, que vous n'aviez dû en admettre vous-même ni l'efficacité probable, ni par conséquent l'utilité. Votre brochure était bien une sorte de protestation contre le fléau qui menaçait notre pays, mais une protestation telle, que vous n'aviez dû en concevoir l'idée que pour avoir une occasion de me prendre personnellement à partie.

En un mot, votre protestation n'était qu'un prétexte; le véritable fond de votre pensée était, sous une apparence de défense du bien public, d'essayer de me ruiner une fois pour toutes, si pos-

sible, dans l'esprit et dans l'estime de nos conci.
toyens.

C'est ce que j'aurai, dans quelques instants, le très grand honneur de vous démontrer.

Vainement, Monsieur, vous aviez cherché, avec un art infini, à dissimuler cette pensée sous mille artifices divers; vainement vous aviez affecté de diriger la véhémence de vos objurgations bien moins contre moi que contre une foule de personnages infiniment plus haut placés que moi sur l'échelle politique, et infiniment plus responsables, en réalité, dans la question; vainement vous aviez bien plus maltraité que moi de vos amis les plus intimes, sans les nommer, à la vérité; vainement vous aviez usé, au contraire, à mon égard, des plus grands ménagements, et m'aviez même en de certains endroits, Dieu me pardonne, presque orné de fleurs.

Ce n'était là, monsieur, que la conséquence inéluctable d'un talent véritablement consommé et inépuisable dans ses ressources.

Mais, au fond, toutes vos fleurs ne ressemblaient que trop à celles dont les anciens couvraient les victimes qu'ils voulaient entraîner à l'autel. Votre véritable dessein ne perçait que trop à travers toutes ces fleurs. Les réelles préoccupations qui vous avaient dominé, lorsque vous aviez écrit votre brochure, ne se décelaient que trop.

Je ne pouvais m'y tromper.

Maintenant, à quelle occasion, et comment aviez-

vous imaginé qu'une protestation contre la relégagation des récidivistes serait pour vous le meilleur
terrain pour mettre votre dessein à exécution?
Comment surtout aviez-vous réussi à accomplir ce
véritable tour de force de me faire intervenir sur ce
terrain pour m'y sacrifier?

C'est encore ce qui m'était enfin clairement expliqué; et outre les divers hommages que j'ai déjà
eu l'occasion de vous rendre plus haut, je ne puis
me dispenser de vous rendre encore celui-ci que,
dans l'accomplissement de cette œuvre, vous aviez
certainement reculé toutes les bornes de la sagacité
humaine.

Eh bien, monsieur, ceci posé, voulez-vous maintenant me permettre d'entrer en lice; de faire la
démonstration des affirmations que je viens de produire; de signaler à l'admiration de nos contemporains votre talent à rendre *blancs*, pour les perdre,
les gens qui sont *noirs;* de dévoiler enfin le but
dernier que vous poursuivez au moyen de votre
brochure?

Allons-y de franc jeu, et cartes sur table.

J'ai dit, monsieur, que votre protestation n'était
qu'un prétexte et que vous n'en aviez admis vous-
même ni l'efficacité probable, ni par conséquent
l'utilité.

Examinons d'abord ce premier point, si vous le
voulez bien, et, avant toutes choses, laissez-moi dès
à présent consigner ici, je vous prie, quelques-uns

de ces principes si évidents que l'on appelle communément des vérités de M. de La Palisse. Vous verrez tout à l'heure que cela n'est pas inutile pour la suite de ma discussion.

D'ordinaire, lorsque l'on songe à faire une protestation quelconque, c'est en vue d'obtenir de plusieurs résultats l'un, n'est-ce pas, monsieur? C'est, soit simplement pour calmer la légitime indignation qu'inspire un fait, accompli ou imminent, sur lequel on n'espère n'avoir aucune action; soit, au contraire, pour essayer de faire revenir sur le fait accompli; soit enfin pour tenter d'entraver le fait imminent.

De ces divers cas de protestations, quel est celui dans lequel entre en apparence votre brochure? Evidemment le dernier, si nous vous en croyons, puisque, à l'heure même où j'écris, le projet de loi des récidivistes, doublement voté par la Chambre des députés, est encore en délibération au Sénat.

Or, monsieur, ceci admis, voulez-vous, s'il vous plaît, répondre de bonne foi à cette première question?

Après tout ce qui s'était passé l'année dernière à la Chambre des députés, lors des deux délibérations du projet de loi des récidivistes; après que dans ces deux délibérations étaient intervenus tant d'orateurs éminents du Parlement français; après que tous ces orateurs avaient si brillamment et *si vainement* combattu ce projet de loi, non seulement par des arguments de droit, mais encore par d'in-

déniables arguments de fait, avez-vous pu sérieusement croire au mois d'avril dernier :

1° Qu'une protestation *isolée*, venant à cette
heure de vous seul, pourrait faire plus de lumière
sur la question que les deux délibérations de la
Chambre ;

2° Qu'elle aurait plus de chances de succès que
tous les orateurs dont j'ai parlé ;

3° Qu'elle pourrait modifier les déterminations
du gouvernement et des Chambres, non seulement
à l'égard de la Guyane, mais encore à l'égard du
projet de loi lui-même ;

4° Enfin, que pour atteindre à ce but il devait
vous suffire de remetttre sous les yeux de MM. Waldeck-Rousseau *et cœteri* (puisque *cœteri* il y a) huit
pages de consultation juridique, et de faire le procès
de la transportation actuellement existante à la
Guyane ?

Sérieusement, avez-vous pu croire cela ?

Dès ce premier pas, monsieur, je vous prie de
bien prendre garde à votre réponse ; car quelle
qu'elle doive être, je crois bien que je vais pouvoir
immédiatement en tirer les conséquences les plus
terribles contre vous.

En effet, monsieur, si vous répondez affirmativement, je vais pouvoir dès ce moment vous accuser
de tous les vices dont on m'accuse moi-même dans
votre parti : vanité, prétention, présomption, naïveté,
ignorance des choses les plus élémentaires de votre
temps, négligence même à vous en occuper, etc...

Car bien *vaniteux*, en effet, auriez-vous été, Monsieur, de croire que votre seule protestation, même avec toute l'autorité qui peut s'attacher à votre personne, devrait produire quelque lumière ici !

Bien *prétentieux* auriez-vous été de croire que votre seule parole, même soutenue de celle de Boitard et de Faustin-Hélie, pourrait avoir plus de poids auprès du gouvernement de la France, que celle des représentants mêmes, et des représentants les plus remarquables et les plus autorisés de la nation !

Bien *présomptueux* auriez-vous été de croire que vous pouviez faire la leçon aux hommes du gouvernement !

Bien *naïf* auriez-vous été de croire qu'en présentant le projet de loi des récidivistes et en le défendant, MM. Waldeck-Rousseau *et cœteri* n'avaient qu'oublié la doctrine et l'histoire de la transportation à la Guyane !

Bien *ignorant des choses de ce temps* auriez-vous été de croire qu'en pareille matière, on ne pouvait et ne devait se préoccuper que de droit absolu et de l'intérêt de la Guyane !

Bien *négligent* enfin auriez-vous été de n'avoir même point lu les délibérations de la Chambre avant d'entreprendre votre brochure !

Or, Monsieur, est-ce là ce que vous voulez que l'on dise de vous ?

Voulez-vous, par hasard, et par une réponse affirmative à ma question, vous accuser en quelque

sorte ainsi vous-même de tant de défauts à la fois?
Voulez-vous, par hasard, pousser si loin l'amour
du bien public à la Guyane, que de consentir à
prendre le fardeau de tous ces défauts, uniquement
pour affirmer votre sincérité et la foi que vous aviez
en l'efficacité possible de votre brochure?

Si oui, Monsieur, je déclare, dès à présent, que je
n'ai rien à objecter; que je n'ai qu'à m'incliner;
que je n'ai enfin qu'à vous rendre hommage une
fois de plus pour toute l'étendue de votre dévouement à votre pays.

Mais si, au contraire, et comme tout me le fait
supposer, vous repoussez la lourde charge de tous
ces défauts, et me répondez négativement, ne voyez-
vous pas vous-même d'ici la conséquence? Ne voyez-
vous pas que, par là même, vous établissez la preuve
de ma première assertion, et déclarez que vous n'a-
viez pas cru à l'efficacité de votre protestation?

Et alors, monsieur, je vous le demande, quelle
en était donc l'utilité, et que vouliez-vous bien pour-
suivre avec elle?

Oh! je sais bien, Monsieur, ce qu'ici vous allez
peut-être me répondre.

Apparemment, vous allez me dire que, pour inef-
ficace qu'elle dût être, même dans votre propre
pensée, votre protestation n'en était pas moins
bonne à faire.

Sans doute, vous êtes sur ce point de l'avis de
ces gens qui pensent qu'il en est des manifesta-

tions, protestations isolées, etc...., comme de cer-tains remèdes dont on conseille toujours l'emploi, quand même ils ne doivent produire aucun effet, sous prétexte que si cela ne fait pas de bien, cela ne peut toujours pas faire de mal.

Soit ! monsieur. J'y consens et ne demande pas mieux que de partager votre opinion à cet égard.

Mais alors vous me concéderez bien, je pense, que dans ces conditions, votre brochure n'entre plus que dans le premier des cas de protestation que j'exami-nais tout à l'heure ; c'est-à-dire qu'elle n'est plus que le cri d'une grande âme, exhalant son indigna-tion contre un fait sur lequel elle n'espère avoir aucune influence ?

Et alors, Monsieur, je vous pose cette nouvelle question :

Eprouvant le désir d'exhaler votre bile contre les auteurs et défenseurs du projet de loi concernant les récidivistes, quel besoin aviez-vous de me faire intervenir en cette affaire, où je n'étais absolument pour rien ?

Mais, monsieur, je vous entends.

Suivant vous, ce n'étaient pas seulement MM. Wal-deck-Rousseau *et cœteri* qui devaient être respon-sables du fléau qui menaçait notre pays ; mais en-core moi qui devais l'être, puisque, suivant vous encore, je m'étais, à un moment donné, rallié à leur théorie, ou que, du moins, selon votre propre ex-pression, *on était porté à le croire.*

Ce n'était donc point, par conséquent, à ces messieurs seuls que devraient s'adresser vos objurgations ; mais encore à moi-même.

Ce n'était donc pas pour eux seuls que vous aviez à transcrire huit pages de Faustin-Hélie, multiplié par Boitard ; mais encore et surtout pour moi.

Ce n'était donc pas à eux seuls que vous aviez *à infliger la protestation la plus formelle, la plus compétente, la plus topique,* que vous aviez pu découvrir ; mais encore à moi.

Ce n'était donc pas pour eux seuls que vous aviez *à invoquer l'autorité la plus haute, la plus pure, à l'appui de l'opposition* silencieuse (?) *d'un grand nombre de Cayennais ;* mais encore pour moi.

Et ainsi se justifient, non seulement votre brochure, mais encore mon introduction dans cette brochure et la dédicace que vous m'en avez faite.

Eh bien, monsieur, voyons donc comment vous établissez ma conversion à la théorie de MM. Waldeck-Rousseau *et cœteri.*

Nous voici enfin, je crois, au cœur même du débat qui s'agite entre nous. Le terrain me semble excellent. Et, bien que je me réserve de montrer tout à l'heure, à mon tour, et plus clairement encore que vous-même, par quels procédés vous êtes arrivé à m'associer aux *bourreaux officiels de mon pays,* selon votre noble expression, je ne demande pas mieux que de vous suivre, dès maintenant, sur ce terrain, et de profiter de l'occasion pour me faire un peu de réclame personnelle, puisque vous voulez bien vous-même si gracieusement m'y convier.

Ici, vous pensez bien, Monsieur, que je ne vais pas m'attarder à discuter la valeur de l'équation algébrique si originale que vous avez bien voulu soumettre à la sagacité de vos lecteurs :

Boitard × Faustin-Hélie : Droit : : Bichat : Médecine.

Je ne saurais vous en dire mon avis, n'étant ni juriste, ni médecin, encore moins mathématicien.

Vous pensez bien que je ne vais pas non plus m'attarder à reproduire les huit pages de consultation juridique dont vous avez trouvé la reproduct on si facile — et je le crois — pour vous démontrer ligne par ligne, que je n'ai jamais été et ne serai jamais, sur la plupart des points du moins, d'un avis différent de celui de Boitard et de Faustin-Hélie, en matière de transportation.

Non, monsieur.

Je me contenterai simplement de vous dire que je crois ces pages tout aussi magistrales et tout aussi décisives dans la question que vous pouvez le croire vous-même, sauf à prouver tout à l'heure ma sincérité ; et je vous demanderai seulement d'abord à quelle époque vous voulez bien faire remonter ma conversion à la théorie de MM. Waldeck-Rousseau *et cœteri*.

Serait-ce par hasard au 27 juin 1883 ?....

Je ne le crois vraiment pas, Monsieur; car, à cette date, défendant un amendement présenté par moi à l'article 14 du projet de loi des récidivistes, et ainsi conçu :

« La rélégation devra être effectuée dans toutes « les colonies actuellement représentées à la Cham- « bre des députés, plus la Nouvelle-Calédonie, pro- « portionnellement au chiffre de la population de « chacune d'elles. »

Voici textuellement ce que je disais à la Chambre, et encore une fois vous me pardonnerez de me faire cette réclame :

« M. FRANCONIE. — Messieurs, l'amendement que j'ai l'honneur de soumettre à la prise en considération se justifie par les motifs suivants.

« Dès le début et pendant tout le cours de la première délibération de la loi concernant les récidivistes, vous avez vu un certain nombre d'orateurs, des plus éminents, des plus compétents dans cette Chambre venir contester à cette tribune qu'aucun territoire colonial eût jamais reçu quelque essor de la seule transportation d'hommes frappés par les tribunaux. Vous les avez entendus se fonder, pour justifier cette opinion, non seulement sur l'histoire des colonies anglaises, et notamment de l'Australie, qui a donné lieu ici à de longs débats contradictoires, mais encore sur l'histoire de nos propres colonies pénitentiaires et sur l'expérience faite, depuis 1863, de cette transportation dans la Nouvelle-Calédonie.

« C'est ainsi que vous avez entendu l'honorable M. Nadaud dire à M. le rapporteur de la commission qu'il avait commis une erreur, en disant que c'étaient des *convicts* seuls qui avaient colonisé l'Australie ; et M. Martin Nadaud, ajoutait que ce qui avait fait la puissance des contrées colonisées par l'Angleterre, c'était que ce pays avait toujours eu des fils de famille, des cadets qu'elle envoyait dans ses colonies, en même temps qu'un certain noyau de bons ouvriers.

« C'est ainsi encore que vous avez vu l'honorable M. Georges Périn venir en quelque sorte confirmer cette appréciation de M. Nadaud, en disant :

« *Il est inexact d'affirmer que les premiers convicts envoyés en Australie n'ont pas été immédiatement suivis par un certain nombre de colons libres.* »

« Et M. Perin ajoutait :

« *Si vous avez raison de dire que jusqu'en 1820 l'élément convict a prédominé, il faut que la Chambre sache que l'état de la colonie fut tel que l'on songea, un instant, en Angleterre, à abandonner l'Australie, mais alors pour des raisons que je vous dirai, un grand courant d'émigration libre se créa, et la colonie prit un essor qui rassura la métropole.* »

« Puis, concluant, M. Perin ajoutait encore, après avoir cité des exemples :

« *En un mot, quand on étudie la question sur les documents fournis par les véritables intéressés, par les habitants de l'Australie, on est obligé de reconnaître que la prospérité de cette grande colonie a eu lieu malgré les convicts et non à cause d'eux.* »

« Je n'ignore pas, messieurs, que ces affirmations et citations, dont je pourrais multiplier le nombre, et que je réduis à dessein pour ne pas abuser de vos moments, furent vivement contestées par M. le rapporteur de la commission, et qu'elles donnèrent lieu, je le rappelais en commençant, à de très longs débats contradictoires.

« Mais ce que je sais non moins bien, c'est que de toutes les contestations apportées, à cette occasion, par l'honorable M. Gerville-Réachè, il ne sortit, du moins pour moi, aucune véritable conviction de la possibilité de coloniser par la seule transportation ; et ce que je sais mieux encore, c'est que, lorsqu'il fallut passer ensuite à l'examen des résultats qu'avait donnés la transportation en Nouvelle-Calédonie au point de vue de la colonisation, aucun résultat positivement acquis ne fut encore invoqué par personne à cette tribune, démontrant de façon péremptoire la possibilité de coloniser nos propres possessions d'outre-mer par le seul moyen de la transportation.

« J'entendis bien manifester ici des espérances

quant aux récidivistes, mais, je le répète, je n'entendis opposer aucun résultat positif, obtenu en Nouvelle-Calédonie, dans le passé, par la transportation des forçats, aux résultats plus que négatifs, au contraire, allégués par **M. Périn**, à cette tribune.

« Je devais être d'autant plus frappé, messieurs, de ce que j'entendais alors à cet égard, que depuis plus de trente ans j'assiste personnellement moi-même aux essais de colonisation tentés à la Guyane française par la transportation, et que, jusqu'ici, je ne vois pas que l'on puisse invoquer non plus, quant à la colonie que j'ai l'honneur de représenter, aucun fait positif, malgré les affirmations d'un de nos honorables collègues, M. La Vieille.

« Dès lors, messieurs, à quelle conclusion devais-je arriver ? C'est que, si avec des condamnés aux travaux forcés, à l'égard desquels il était possible d'user de certains moyens propres à les obliger au travail, on n'avait pu obtenir aucun résultat, à plus forte raison n'en pourrait-on obtenir de simples criminels correctionnels que l'on ne pourrait soumettre aux mêmes sévérités que, pour ma part, je réprouve absolument ; à plus forte raison n'en pourrait-on obtenir de simples criminels correctionnels, à qui l'on devrait laisser une indépendance relative, et que leur propre désignation particulière, même dans la loi, nous permet de classer dès à présent sous le nom générique d'ennemis nés et invétérés de toute espèce de travail. C'est encore et par con-

séquent que, dans la loi soumise à nos délibérations, il ne pouvait véritablement s'agir d'une question de colonisation, mais simplement d'une question de débarras pour la mère-patrie d'une catégorie
de malfaiteurs dangereux.

« Eh bien, messieurs, s'il en est vraiment ainsi —
et je ne crois pas que le gouvernement conteste que
telle a été, en effet, la première et principale pensée
de la loi relative aux récidivistes, — s'il en est ainsi,
je ne vois pas pourquoi nous persisterions plus longtemps à vouloir désigner spécialement certaines colonies pour lieux de relégation.

« Il s'agit ici, pour la France, d'un pur intérêt de
préservation sociale. Elle compte un certain nombre
de récidivistes dangereux qu'elle veut éloigner. Elle
possède des colonies. Le gouvernement a voulu
utiliser ces colonies à la relégation des récidivistes.

« Je ne dirai pas que c'était son droit. Depuis le
commencement de cette discussion, j'ai été cons-
tamment opposé au projet de loi, pour une foule de
raisons, admirablement exposées ici par les orateurs
les plus éminents.

« Mais ce que je dis, c'est que, en présence de
vos deux votes successifs, consacrant le principe de
la relégation, nous devons tous nous incliner désormais, accepter ce que vous avez décidé et consentir
à tout ce que veut imposer la France à ses colonies.

« Et dès lors m'emparant des propres déclarations
de M. le rapporteur de la commission dans la séance

du 8 mai, j'ajoute que, dans ces nouvelles conditions, ce n'est pas trois ou quatre colonies seulement qui doivent subir la nécessité qui nous est
imposée, mais toutes qui doivent, avec un égal patriotisme, subir cette nécessité et contribuer, chacune pour sa part, à débarrasser la métropole de
ses malfaiteurs, en en recevant chacune un certain
nombre.

« Dans la séance du 8 mai, en effet, M. Gerville-
Réache nous disait :

« *Si les colons protestaient, il faudrait aller à
l'encontre de leurs protestations, parce qu'elles ne
seraient pas fondées. Nos colonies doivent se rappeler toujours qu'elles doivent tout à la mère-patrie
et que, lorsque la mère-patrie leur demande des sacrifices, elles ont pour devoir de se soumettre. Du
moins, c'est la doctrine que je professe pour mon
compte, et que j'ai toujours soutenue dans mon
pays. Et je dois dire à l'honneur de mon pays que
c'est aussi la doctrine qu'il a fait triompher en
m'honorant de ses suffrages.* »

« M. LE RAPPORTEUR. — Je l'affirme de nouveau.

« M. FRANCONIE. — Et M. le rapporteur de la
commission recueillait les applaudissements de la
Chambre. Et M. Georges Périn, lui répondant, le
félicitait de cette déclaration.

« En effet, messieurs, c'était là une très belle déclaration, et il n'est personne d'entre nous, députés

coloniaux, qui ne l'eût faite, et ne soit prêt encore à le faire, je pense.

« Mais alors pourquoi faut-il qu'après cette déclaration ce soit encore à la Nouvelle-Calédonie, aux Marquises, à l'île Phu-Quoc, à la Guyane seules que doive être réservé le monopole des sacrifices, du dévouement, de la soumission que, dans des circonstances comme celle-ci, nous reconnaissons si bien tous devoir à la mère-patrie.

« Pourquoi faut-il que ce ne soient pas toutes les colonies qui soient appelées à la fois à témoigner de ce dévouement, de cette soumission et, pour tout dire, de ce véritable patriotisme.

« Ne semble-t-il pas plus équitable, dans les conditions où la question se pose, que toutes les colonies participent à cet acte de patriotisme.

« Pour mon compte, je le crois absolument, et telle aurait dû être, à mon avis, la conséquence de la déclaration de notre honorable collègue M. Gerville-Réache. Telle elle doit être aujourd'hui plus que jamais.

« Cette conséquence, notre honorable collègue n'a pas cru devoir la tirer, dès le premier moment, de sa patriotique déclaration : il n'a pas cru devoir plus tard la tirer au sein de la commission, et la faire consacrer par cette commission. C'est elle que je viens tirer et vous prier de consacrer par mon amendement.

« Et je crois d'autant plus nécessaire de le faire, messieurs, que, s'il est resté des doutes sur la possibilité de coloniser au moyen de la transportation, il ne saurait être douteux que l'introduction des récidivistes dans nos colonies ne doive constituer l'invasion d'un élément criminel et dangereux qui serait le pire des fléaux si cet envahissement ne devait se produire que dans deux ou trois colonies.

« Si donc les colonies françaises veulent bien sincèrement témoigner de leur dévouement à la mère patrie, en même temps que de l'intérêt qu'elles ne peuvent pas ne pas porter aux autres colonies, leurs sœurs, elles devront, je crois, supporter toutes avec résignation une sorte de répartition du danger qu'elles sont tenues d'accepter, et recevoir chacune sa part de ce danger proportionnellement au chiffre des populations de chacune.

« Telles sont, messieurs, les considérations sommaires que le règlement m'autorise à vous présenter en faveur de la prise en considération de mon amendement. Mon devoir est de négliger en ce moment un certain nombre d'autres considérations, quant au fond, et notamment les considérations budgétaires que je désirerais pouvoir développer devant vous.

« Je me réserve d'entrer dans une discussion plus approfondie, si votre commission croit devoir me faire l'honneur de consentir à la prise en considération de l'amendement, et de me permettre ainsi d'aller exposer plus au long la question dans son sein, en lui fournissant quelques détails sur la colonie que je représente. (Très bien ! sur plusieurs bancs.)

« M. LE PRÉSIDENT. — La commission s'explique-t-elle sur la prise en considération?

« M. LE RAPPORTEUR. — La commission s'oppose à la prise en considération, monsieur le Président.

« M. LE PRÉSIDENT. — Je consulte la Chambre.

« (L'amendement, mis aux voix, n'est pas pris en considération.) »

Or, monsieur, cette longue citation de moi-même finie, voulez-vous me dire, je vous prie, s'il s'y trouve quoi que ce soit qui démontre que, à ce moment, je me fusse déjà aucunement rallié à la théorie de MM. Waldeck Rousseau *et cœteri?*

Voulez-vous me dire surtout s'il s'y trouve quoi que ce soit de contraire à la doctrine si bien exposée dans votre brochure, par la plume de Boitard et de Faustin-Hélie, et à laquelle je renvoie vos lecteurs et les miens pour rapprochement?

Ne vous semble-t-il pas, au contraire, que mes paroles du 27 juin 1883 étaient en parfaite opposition avec celles des auteurs et défenseurs du projet de loi des récidivistes, et en parfaite concordance avec celles des deux illustres collaborateurs cités par vous?

Et alors, Monsieur, je vous le demande, au lieu de chercher à m'inculper ; au lieu de me rappeler, à moi aussi une doctrine qui n'aurait dû être remise que sous les yeux des partisans de la relégation, ne deviez-vous pas plutôt vous étonner qu'un si pauvre personnage que moi se fût si bien rencontré, par hasard, avec de si grands esprits que Boitard et Faustin-Hélie ?... Ne deviez-vous pas plutôt admirer que moi, qui n'entends rien au droit écrit, et qui ne puise qu'en ma seule conscience le sentiment de la justice sociale, basée sur l'égalité de tous les hommes entre eux, pour en faire la règle de toutes mes actions, j'eusse si bien compris, comme vous-même, le droit pour toute collectivité sociale de repousser les rebuts de toute autre collectivité.

Mais non, monsieur, vous avez mieux aimé ne rien savoir de ce que j'avais pu dire ou faire. Vous avez mieux aimé ne vous souvenir de rien. Vous avez mieux aimé m'associer quand même dans vos objurgations aux partisans de la relégation.

N'y aurait-il pas là déjà, par hasard, un commencement de preuve de mon autre assertion, que, en écrivant votre brochure, vous n'aviez réellement eu qu'une préoccupation dominante, m'attaquer quand même.

Mais, pardonnez-moi, monsieur, je vous prie. Ici c'est moi qui oublie volontairement tout, et qui, en évoquant mes opinions du 27 juin 1883, pour me défendre contre vous, me montre complètement de mauvaise foi.

En effet, ce n'est pas jusqu'à cette date du 27 juin 1883, que vous avez bien voulu faire remonter ma conversion à la théorie de MM. Waldeck-Rousseau *et cœteri*; mais à une date plus récente, au mois de janvier 1884, et à l'occasion de deux articles parus dans un journal métropolitain.

Je ne puis donc encore être admis à vous reprocher mon introduction dans votre brochure. Il nous faut auparavant explorer ce nouveau terrain.

Eh bien! monsieur, reprenons donc, s'il vous plaît; entrons sur ce terrain; et voyons si cette fois ma complicité dans le projet de loi des récidivistes va être enfin définitivement établie par vous.

A quelle occasion, et à propos de quoi avez-vous si bien découvert que je m'étais rallié, au mois de janvier, à la théorie de MM. Waldeck-Rousseau *et cœteri?* Permettez-moi, monsieur, de le rappeler en quelques mots après vous.

Le 17 janvier dernier, un journal métropolitain, la *Ville de Paris*, publiait une correspondance de Cayenne signée *Liber*. Le lendemain 18, le même journal publiait une discussion anonyme de la correspondance de la veille, et, ainsi que vous le dites vous-même, monsieur, les deux journaux étaient gracieusement envoyés à un certain nombre de nos compatriotes à Cayenne.

De quoi traitaient ces deux articles! — *De la Transportation à la Guyane*; et c'est vous-même, monsieur, qui le reconnaissez.

Y était-il en quelque façon parlé de la question des récidivistes? Certainement, monsieur; et personne, je vous assure, ne songe à le nier. Seulement, si vous voulez bien vous en souvenir, il n'en était parlé que dans la seule correspondance venue de Cayenne, et encore d'une façon tout à fait subsidiaire.

Le contestez-vous !

Faisons alors dès à présent, monsieur, un résumé aussi exact que possible des deux articles; chacun pourra contrôler; et ainsi disparaîtra toute contestation :

La correspondance de Cayenne, du 17 janvier, débutait en rappelant que, lorsque, en 1851, la Guyane française avait été désignée pour être le siège de la transportation, les prescriptions les plus propres à assurer, dans la mesure du possible, la sécurité de la colonie, avaient été très clairement spécifiées et adoptées par le Gouvernement métropolitain. Elle rappelait, en outre, qu'en décrétant la transportation, le but du législateur avait été, en utilisant la peine des travaux forcés aux progrès de la colonisation française, d'essayer de rendre cette peine plus efficace que par le passé.

Puis cette correspondance constatait que, dès les premiers jours de la transportation à la Guyane, les prescriptions protectrices du Gouvernement envers la colonie avaient été absolument violées.

Et alors, faisant en quelque sorte l'histoire de la transportation à la Guyane, elle énumérait toutes les violations successives de ces prescriptions, tous les incidents les plus regrettables qui avaient successivement et complètement détourné la main-d'œuvre pénable de sa véritable destination primitive de colonisation, pour n'en plus faire qu'une lèpre qui, depuis trente années, n'avait rien produit d'utile dans la colonie, continuait à n'y rien produire, tout en continuant cependant à la souiller de son contact immonde. Et ici, la correspondance s'attachait particulièrement et avec détails, à ce qui se passait en ville de Cayenne, c'est-à-dire au chef-lieu même de la colonie.

Arrivant ensuite à la question des responsabilités, elle en faisait peser la lourde charge, non seulement sur toutes les administrations qui s'étaient, depuis 1851, succédé à la Guyane, mais encore sur le gouverneur actuel même de la colonie.

Maintenant, comment la ville de Cayenne, spécialement protégée contre l'envahissement des forçats par la législation de 1852, disait la correspondance, était-elle devenue le siège réel de la transportation ? C'était ce qu'examinait encore ladite correspondance. Elle expliquait ce fait par la violation d'une sorte de contrat tacite, qui, suivant elle, avait été passé en 1852 entre la France et la colonie.

Et alors, se tournant vers la France, l'auteur de ladite correspondance lui demandait si elle laisserait plus longtemps une colonie pleine d'avenir se traîner dans la fange ; se tournant vers le ministre de la marine, il lui demandait s'il souffrirait plus longtemps la violation constante de l'acte de 1852.

Et c'est seulement ici que, faisant intervenir la question des récidivistes, le pseudonyme Liber déplorait

en quelques lignes la menace d'une nouvelle trans-
portation suspendue sur nos têtes et se demandait
s'il n'y avait pas quelque part, quelque îlot perdu
dans quelque mer, une mer lointaine, sans habi-
tants dont il y eut à respecter les droits deux fois
séculaires, où la France pût déverser les misérables
qui la gênaient et la souillaient.

Tel est, je crois, monsieur, un résumé exact, sinon succinct (je n'ai pas, hélas ! votre concision de style), de la correspondance publiée le 17 janvier 1884, par la *Ville de Paris*.

Maintenant, comment répondait, à cette correspondance, l'auteur anonyme de l'article du lendemain du 18 ? — Le voici :

« *Il débutait en déclarant qu'il n'avait rien à redire à toute la première partie de l'article de la veille, et que tous ceux qui s'étaient occupés de la transportation à la Guyane ne pouvaient que reconnaître la justesse des observations qui y étaient contenues.*

« *Mais, passant immédiatement à la question des responsabilités, il protestait énergiquement contre la confusion que l'on voulait établir entre les anciennes administrations supérieures de la Guyane et celle d'aujourd'hui ; il s'élevait vivement contre la part de responsabilité que l'on voulait attribuer à cette dernière, dans la mauvaise direction de la transportation ; et, à l'appui de sa protestation, il apportait certaines preuves.*

« *Qu'à l'égard de la transportation l'on inculpât les anciennes administrations supérieures, l'administration pénitentiaire, une partie des Conseils élus du pays, certains habitants mêmes, et surtout la direction des colonies au ministère de la Marine; c'était justice, et il le reconnaissait.*

« *Mais que les mêmes inculpations s'adressassent au gouverneur actuel de la Guyane, il ne pouvait l'admettre.*

« *En effet, tout le monde savait, au contraire, que ce gouverneur avait fait tout ce qu'il avait pu pour réformer les choses et ramener enfin la transportation à sa mission primitive de colonisation.*

« *Qui s'y était opposé? — D'abord la municipalité élue de Cayenne; ensuite des habitants mêmes du pays; enfin la Direction des colonies elle-même. Et, de tout cela, l'anonyme auteur de l'article du 18 janvier apportait des preuves, et allait jusqu'à rappeler une dépêche ministérielle rendue publique, et prouvant au moins l'opposition de l'administration centrale des colonies.*

« *Mais qui s'y était opposé encore le plus vivement? — Le service pénitentiaire de la Guyane lui-même, et avec l'appui de la direction des colonies.*

« *Pourquoi donc alors attaquer le gouverneur de la Guyane?*

« *Evidemment l'auteur de la correspondance cayennaise avait été induit en erreur. — Il fallait* espérer qu'il le reconnaîtrait ; autrement on serait obligé, dans ce débat, de produire toutes les pièces.

« A la vérité, l'auteur de la correspondance cayennaise paraissait ne pas comprendre l'utilisation de la main-d'œuvre pénale à la colonisation de la Guyane de la même façon que le gouverneur, ni vouloir user des mêmes moyens que ce dernier. Il aimait mieux, par exemple, l'internement pur et simple des forçats sur un établissement spécial, que leur dissémination sur toute la surface de la colonie, dissémination plutôt voulue par le gouverneur.

« Mais alors comment voulait-il que se fissent par la transportation les travaux de colonisation dont lui-même regrettait la non-exécution jusqu'ici ; rues, routes, canaux, défrichements, etc., et particulièrement en ville de Cayenne ou aux environs.

« Sous ce rapport, et malgré ce que l'on rappelait des prescriptions de 1852, les projets du gouverneur ne se rapprochaient-ils pas plus encore des intentions primitives du gouvernement métropolitain, que l'internement pur et simple des forçats dans un coin de la colonie ?

« Assurément, il y avait de graves inconvénients au contact perpétuel des forçats avec l'élément sain du pays. Mais n'était-il pas contradictoire de demander des travaux de voirie et de colonisation à la transportation, et de demander en même temps sa localisation sur un seul point du territoire guyanais ?

« Vainement on invoquait un prétendu contrat

passé entre une métropole et sa colonie, et dont la clause principale serait que cette dernière aurait tous les bénéfices de la transportation sans en avoir les inconvénients ; comme si, en dehors de l'étrangeté d'un pareil contrat, la nature même des choses ne s'opposait à sa sanction.

« Vainement on invoquait de prétendus droits de la Guyane vis-à-vis de la France pour en exprimer en quelque sorte de véritables exigences, telles que, par exemple, la subordination de la transportation à la colonie, toutes prétentions d'ailleurs fort discutables, qui ne pouvaient que retarder les choses... »

Et l'article du 18 janvier se terminait textuellement ainsi :

« Non ! La vérité, c'est que, posée dans ces termes, la question est mal posée. Mettons-nous dans la réalité des choses, nous la poserons mieux.

« D'abord, quel est le fait ? C'est que, à un moment donné, à tort ou à raison, la France a imposé ses criminels à la Guyane. En avait-elle le droit ? La question, suivant nous, n'est même pas à examiner. La Guyane pouvait-elle l'empêcher ? En aucune façon ; et il eût plu à la métropole de n'attacher aucune pensée de bienfait à cette lourde charge, que la colonie n'en eût pas moins dû la subir.

« Mais, heureusement, il n'en fut pas ainsi. Une pensée de colonisation fut attachée à la transportation des condamnés. Depuis 1852, grâce à une administration contamment défectueuse, grâce non seulement aux mauvaises volontés locales, mais encore aux mauvaises volontés du pouvoir central, cette pensée n'a encore reçu aucune application utile; au contraire.

« Au lieu de nous attaquer à la France, attaquons-nous à ceux qui sont chargés de ses intérêts.

« Démontrons par des faits que le moment est venu de triompher de toutes ces mauvaises volontés, qui, en se refusant plus longtemps aux réformes, trahissent, non pas tant les intérêts de la Guyane que ceux de la France même. Aidons de nos raisons, de nos vœux, de notre appui, ceux qui, soucieux de ses intérêts, recherchent de fructueuses modifications d'organisation. Mettons toutes les résistances, devant l'opinion publique, en demeure de ne pas trahir plus longtemps la cause de la mère-patrie elle-même.

« Nous ferons plus ainsi pour la Guyane qu'en produisant de platoniques exigences, qui non seulement n'ont aucune chance d'être accueillies, mais encore tourneraient, si elles pouvaient l'être, beaucoup plus à la ruine de ceux qui les manifestent qu'à leur régénération.

« C'est là l'œuvre à laquelle nous nous proposons de nous attacher, et nous convions tous ceux de nos frères de la Guyane qui auront d'utiles renseignements à nous fournir pour la lutte que nous préparons, à s'y attacher avec nous. »

Tel est encore, je crois, monsieur, non seulement

un résumé exact de l'article de la *Ville de Paris* du 18 janvier, répondant à la correspondance cayennaise publiée le 17 ; mais encore la reproduction complète même de toute la fin de cet article.

Or, monsieur, dans cette réponse, s'agissait-il le moins du monde de la question des récidivistes, d'ailleurs si légèrement effleurée dans la correspondance venue de Cayenne ? — En aucune façon.

Donc, plus de contestation, monsieur, et poursuivons.

Les deux articles arrivent à Cayenne. Et alors qu'eût-il dû raisonnablement se passer ?

Ces deux articles discutant de *la transportation à la Guyane*, et ne s'occupant point des récidivistes ; celui du 18 janvier surtout n'en soufflant mot ; il y avait grande présomption que les deux correspondants de la *Ville de Paris*, se chamaillant uniquement sur la première question, s'entendaient du moins sur la seconde. — Et alors, tout bon esprit, désapprouvant la thèse de l'article du 18 janvier, eût cherché à la réfuter, en se tenant sur le terrain même circonscrit par les deux articles.

Eh bien, non, monsieur. Parmi les bons esprits, il devait y avoir une exception ; et, permettez-moi de le déplorer, cette exception ce devait être vous.

En effet, je le répète, les deux articles arrivent à Cayenne ; vous les lisez ; vous les lisez attentivement, je suppose ; et alors que faites-vous ?

Ayant déjà dessein ou non d'écrire une protestation contre la loi des récidivistes, vous faites de ces articles, où il n'était pas autrement question de cette loi et de ces récidivistes, la base même de votre protestation. Vous *supposez* gratuitement que je suis l'auteur de l'article du 18 janvier. Vous partez en guerre contre moi, et dès les premières lignes mêmes de votre brochure. Après une suite d'insinuations plus ou moins... habiles, vous reproduisez, en les isolant du reste, *treize lignes* de cet article. Vous les rattachez plus ou moins... habilement à la question des récidivistes. Vous me les imputez définitivement. Vous en tirez les conséquences que vous voulez. Vous faites de moi un *législateur complaisant;* un émule *des commissaires bonapartistes spéciaux de* 1852 *qui, après le coup d'État, s'étaient réunis pour flétrir et ruiner la Guyane.*

Et me voilà, monsieur, définitivement l'allié de MM. Waldeck-Rousseau *et cœteri,* dans la question des récidivistes. Me voilà leur complice pour l'envoi de ces criminels à la Guyane.

Ce n'est pas plus difficile que cela.

Et telle a été pour vous l'occasion d'établir ma conversion à la théorie de ces messieurs. Telle a été votre manière à vous d'établir cette conversion.

Or, monsieur, sincèrement, entre nous, croyez-vous que, de cette façon, elle ait été enfin définitivement établie ?

Et d'abord, quelques questions, s'il vous plaît ?

Depuis quand donc, je vous prie, est-il devenu... d'usage de mêler les questions dans une discussion, comme vous avez cru pouvoir le faire dans cette circonstance ?...

Depuis quand donc est-il devenu... d'usage d'établir des responsabilités pour les gens, sur de simples *suppositions*, sans preuves.

Depuis quand d'ailleurs est-il devenu... d'usage de ne plus apporter dans les polémiques que des insinuations, si... habilement qu'on s'y prenne pour leur donner une tournure bienveillante?

Depuis quand donc surtout, monsieur, est-il devenu... d'usage de ne citer les textes qu'en les tronquant, pour en faire ensuite telle application qui plaît, en tirer telles conséquences favorables à la thèse que l'on veut défendre, et en arriver ainsi à des imputations presque diffamatoires?

Serait-il survenu par hasard et récemment, monsieur, de telles modifications dans les procédés habituels de la polémique, qu'il faille désormais accepter sans conteste ceux que vous avez cru devoir employer ici pour établir ma connivence à l'envoi probable des récidivistes à la Guyane?

Permettez-moi de douter vraiment, monsieur, que vous, qui êtes si versé dans le droit écrit et le droit non écrit, vous vouliez encore prendre cette charge de l'affirmer, et alors je vous le redemande :

Avez-vous cru sérieusement avoir établi ainsi ma culpabilité? Avez-vous cru sérieusement que cette manière de l'établir suffirait pour en convaincre vos lecteurs?

Et alors, encore une fois, quelle nécessité si pressante y avait-il pour vous de m'introduire sous ce prétexte et sous cette forme dans votre protestation pour m'y admonester, moi aussi.

N'y a-t-il pas là, enfin, la preuve complète de la vérité de ma thèse, que votre protestation n'avait été qu'un prétexte et que vous ne l'aviez entreprise que pour vous donner un terrain d'attaque contre moi, n'importe lequel?

Eh bien, non, monsieur.

Toutes ces preuves ne sont pas encore suffisantes. Il nous faut aller jusqu'au bout et dire la vérité tout entière. Je n'en établirai que mieux ainsi les accusations que je porte ici contre vous et ne m'en défendrai que mieux moi-même de vos propres attaques.

La vérité, monsieur, — et je l'infère de la vivacité même, avec laquelle vous vous êtes empressé de mêler, dans votre brochure les articles de la *Ville de Paris* à la question des récidivistes, — la vérité c'est que c'était vous l'auteur de la correspondance de Cayenne publiée le 17 janvier et traitant exclusivement de la *Transportation actuellement existante à la Guyane*.

En écrivant cette correspondance, votre but avait été d'essayer de desservir ici à Paris, par la publicité, l'honorable gouverneur de la Guyane, en lui attribuant, dans les affaires de la transportation, une part de responsabilité qu'il n'avait point. Et je reconnais volontiers que vous pouviez avoir une foule de motifs suffisants pour entreprendre cette campagne contre lui.

Lorsque vous aviez expédié cette correspondance de la Guyane, le 10 octobre dernier, vous aviez pensé qu'elle pourrait produire ici tout son effet. Vous aviez pensé qu'il ne se trouverait personne à Paris pour la réfuter et prendre la défense de l'honorable M. Chessé. Vous ne vous attendiez pas à ce que cette correspondance ne serait publiée que trois mois après qu'elle était partie de Cayenne, c'est-à-dire le 17 janvier. Vous ne vous attendiez pas surtout à ce qu'il y serait répondu, et, permettez-moi de le dire, quelque peu victorieusement, dès le lendemain de sa publication.

Ces choses pourtant étaient arrivées, et elles étaient allées un beau matin vous blesser, monsieur, dans la conscience que vous avez de ce grand mérite auquel j'ai si souvent rendu hommage au cours de ces pages.

Et alors, monsieur, avouez-le, il vous avait fallu vous en prendre à quelqu'un et goûter du mets des dieux.

Or, monsieur, à qui vous en prendre? Qui donc avait osé se mesurer à vous?

Hé!... qui donc pouvait-ce être, je vous prie, si ce n'était monsieur Franconie? Quel autre en effet, pouvait avoir eu tant d'audace? Quel autre pouvait avoir pris avec tant d'ardeur la défense du gouvernement de la Guyane?

Et dès lors, monsieur, est-il utile de demander

encore quelle nécessité il y avait pour vous de me prendre à partie?

Dès ce moment, cette nécessité n'apparaît-elle point comme ayant dû être absolument impérieuse? Et j'ajoute, monsieur, que vous étiez complètement dans votre droit de chercher à m'attaquer.

En effet, monsieur, vous ne vous étiez pas trompé. C'était bien moi l'auteur de l'article du 18 janvier. C'était bien moi qui avais eu cette audace de vous répondre, et vous avouerez que je n'avais certes pas reculé devant la discussion de la seule thèse que vous-même aviez choisie, car j'avais écrit textuellement ceci :

« Il est évident que notre correspondant a été in-
« duit en erreur, et nous ne doutons pas qu'après
« ces explications sommaires, il le reconnaisse sans
« peine ; autrement le procès serait ouvert, et nous
« nous verrions dans l'obligation de produire nos
« pièces, ce que d'ailleurs nous ne renonçons pas à
« faire un jour ou l'autre, alors même que notre
« correspondant n'insisterait pas. »

Mais alors, monsieur, et puisqu'il vous fallait nécessairement venger votre amour-propre, que n'avez-vous répondu à cet audacieux défi, en restant sur le seul terrain de discussion ouvert par votre correspondance même du 10 octobre 1883 : *la transportation à la Guyane.*

Vous pouviez tout aussi bien y consacrer un livre.

Vous pouviez tout aussi bien y introduire l'exorde par *insinuations* (c'est le cas où jamais de le dire), qui ouvre votre protestation contre la loi des récidivistes. Nous aurions continué à discuter, monsieur.

Après m'avoir gratifié de courtoisie et d'honorabilité, vous m'auriez accusé d'inactivité? — J'aurais essayé de vous prouver mon activité, sur laquelle ces lignes mêmes vont commencer à dissiper vos doutes, je pense.

Vous m'auriez reproché de conseiller à la Guyane de se courber sous le fait accompli? — Je vous aurais demandé de m'indiquer le moyen de faire que les faits accomplis ne l'aient pas été. Je vous aurais demandé surtout de m'indiquer le moyen de faire qu'une *nation* comme la Guyane ne se courbe point sous les volontés d'une *colonie* comme la France.

Vous m'auriez accusé de *dithyrambisme*, pardonnez-moi le mot? — J'aurais tenté de vous renvoyer la balle.

Vous m'auriez reproché de défendre l'Administration de l'honorable M. Chessé? — Je vous aurais demandé ce que vous trouviez d'étrange à cela, après que j'avais assisté une année au fonctionnement de cette Administration, alors que d'autres que moi avaient irrévocablement condamné M. Chessé, le lendemain — je dis : le *lendemain* — de son arrivée dans la colonie, et avant qu'il eut fait aucun acte d'administration.

Vous auriez tronqué mes articles? — Je les aurais rétablis dans leur intégralité, comme je l'ai fait plus haut, pour faire nos compatriotes juges entre vous et moi.

Vous m'auriez accusé de trop de résignation? — Je me serais scandalisé de recevoir de vous, si calme et si grave, monsieur, le conseil d'user de dynamite à l'égard des pouvoirs publics qui ne veulent pas faire vos volontés et les miennes.

Etc., etc.

Voulez-vous d'ailleurs reprendre la discussion ainsi? — Je suis à vos ordres.

Commençons dès maintenant, si vous le voulez, en prenant dans votre brochure même tout ce qui a uniquement trait à la *transportation à la Guyane*, qu'on ne s'attendait guère vraiment à voir occuper une si grande place dans une protestation contre la loi des récidivistes. — Vous allez voir que je puis vous répondre.

Vous inculpez la Direction des colonies? — Qui donc ne l'inculpe avec vous? — Reportez-vous donc à mon article du 18 janvier.

Vous déplorez la situation que, depuis trente ans, la transportation a faite à notre pays? — Qui donc ne la déplore avec vous? — Et n'est-ce pas précisément parce que je la déplore moi-même que je défends le seul gouverneur qui, depuis 1852, ait voulu du moins faire tirer parti de cette transportation, puisque vous n'avez pas encore indiqué le moyen *d'obliger* la métropole à l'enlever complètement de la colonie, et que les meilleures doctrines n'avaient pu empêcher l'Empire de nous l'imposer? — Revoyez-donc encore mon article du 18 janvier.

Vous refaites l'histoire entière de cette transportation et en maudissez tous les incidents successifs? — Qui donc vous a jamais contredit là-dessus? Serait-ce moi, par hasard, et me rendriez-vous responsable de toute cette histoire?

Vous attaquez les *bureaux* de la marine et l'Administration pénitentiaire de la Guyane? — Hé! que fais-je autre chose, monsieur?

Vous énumérez longuement toutes les désastreuses conséquences pour la Guyane des pratiques de ces *bureaux* et de cette administration? — Est-ce que je songe à rien contester de cela?

Non, monsieur, sur tous ces points nous sommes et serons absolument d'accord.

Mais là où nous ne le serons plus, c'est lorsque vous voudrez imputer des responsabilités à qui n'en a pas; c'est lorsque vous voudrez méconnaître précisément, et sous l'empire de je ne sais quel amour-propre, très louable peut-être, mais impuissant, tous les efforts tentés pour remédier à ce déplorable état des choses.

Là, je vous ai combattu; je vous combattrai encore; sauf à vous engager ensuite, comme je l'avais d'ailleurs déjà fait, à vous unir à tous ceux qui essayent de tirer le meilleur parti possible de la transportation, puisque nous ne pouvons, encore une fois, *forcer* le gouvernement métropolitain à nous en débarrasser ; au lieu de rien vouloir exiger de ce gouvernement, ce qui revient, Monsieur, et quoi que vous en puissiez dire, à donner des coups d'épée dans l'eau, peut-être propres à préparer un siège à la Chambre des députés, mais assurément très peu propres à rien procurer à la Guyane.

Oh ! je sais bien que, suivant vous, Monsieur, c'est moi qui suis coupable de tout ; que s'il ne se fait rien pour la Guyane, la faute en est toute à moi.

« J'ai fait à la Guyane un court et récent séjour.
« — Qu'y ai-je vu ? La Guyane écrasée depuis
« 1852 *par la transportation.* J'ai vu toutes les mi-
« sères de mon pays, résultat *de la transportation.*
« Je suis revenu en France profondément attristé
« du spectacle que ce pays avait offert à mes yeux.
« J'ai déploré cette situation.
« Mais à mon retour, qu'ai-je fait, Monsieur, moi
« député du pays, pour tâcher de l'améliorer ?
« Rien !...
« Tout cependant dépendait de moi.
« Mais je ne sais pas montrer la Guyane telle
« qu'elle est aux regards de la métropole.
« Je ne suis pas cependant le représentant d'un
« groupe de la Guyane, du groupe qui rêve de faire
« de ce pays, *avec la transportation*, une bergerie
« telle que celles qu'ont pu concevoir et chanter
« Virgile, Florian et Mme Deshoulières.

« Je suis le représentant de la Guyane tout en-
« tière. J'ai, comme homme privé, une honnêteté
« immaculée, et personne n'a jamais entendu dire
« que je fusse ni sourd, ni aveugle..... »

Ainsi, monsieur, vous vous exprimez sur mon
compte, ou à peu près ; et à part la question d'honorabilité, sur laquelle je n'ai pas, vous le pensez
bien, à me prononcer moi-même, vous avez peut-
être cent fois raison.

Mais, encore une fois, que n'avez vous dit toutes
ces choses sans sortir de la seule question que vous
aviez vous même primitivement traitée dans votre
correspondance du 10 octobre, *la Transportation à
la Guyane*; sans sortir de la seule question à laquelle
elles pouvaient se rapporter, puisque, aujourd'hui
même, vous ne les dites pas à propos d'autre chose
dans votre brochure?

J'y aurais répondu. Nous aurions discuté. Et, si
je ne fusse pas arrivé à vous démontrer que *la raison du plus fort est toujours la meilleure*, je vous
eusse du moins demandé encore une fois vos moyens
de venir à bout de cette raison, même quand elle
n'est pas la meilleure, et je ne doute pas que vous
m'eussiez éclairé.

Au demeurant, et je le répète, si vous vouliez
reprendre tout cela, en le débarrassant de tout le
fatras concernant les récidivistes, où je n'ai rien à
faire, je serais encore votre homme et quand vous
voudriez.

— Ah !..... mais non, monsieur.

Cela ne peut vous suffire, n'est-ce pas? — Cela ne pouvait surtout vous suffire, au moment où étaient arrivés à Cayenne les numéros de la *Ville de Paris*.

En effet, monsieur. Etant arrivé que l'on avait répondu à votre correspondance du 10 octobre, et que l'on avait osé vous porter un défi ; étant admis que l'auteur de ce méfait ne pouvait être autre que moi ; vous aviez non seulement à venger votre amour-propre blessé, mais encore à voir s'il n'y avait décidément pas moyen de vous débarrasser enfin et définitivement de ce monsieur Franconie, de ce gêneur qui depuis si longtemps barrait le passage à tant de monde.

Et comme le terrain exclusif de la transportation à la Guyane ne paraissait pas vous promettre toutes chances de succès pour atteindre à ce dernier but, il vous fallait nécessairement chercher un autre terrain à joindre à celui-là, et c'est alors que vous prites la résolution de me faire intervenir dans la question des récidivistes?

Et de fait, Monsieur, quel autre terrain plus favorable pouvait donc se trouver dans le moment?

La question des récidivistes n'avait-elle pas les plus grands rapports avec cette autre question : *la transportation à la Guyane?* — Ne pouvait-on rattacher ces deux questions l'une à l'autre? — Ne pouvait-on faire sortir de cette confusion des choses une connivence de M. Franconie à l'envoi probable des récidivistes à la Guyane? N'était-ce

pas le meilleur moyen de lui arracher enfin toute
cette confiance et toute cette estime dont il avait
té jusqu'ici l'objet de la part de ses concitoyens?

Evidemment, une pareille tactique, habilement
conduite ne pouvait manquer de réussir, si l'on
avait soin de ne pas taper trop fort sur M. Franconie, tout en l'inculpant; si l'on avait soin surtout
de donner le change, en tapant très violemment,
au contraire, sur d'autres à côté de lui, sauf à les
prévenir que ce n'était que pour rire.

Et alors qu'arrivait-il?

Les habitants de la Guyane, menacés d'un véritable fléau nouveau, ne pouvaient manquer dès à
présent de vouer aux dieux infernaux leur député,
qui serait censé y avoir prêté les mains.

M. Franconie, occupé comme il l'est, n'aurait
pas le loisir de se disculper. En tout cas, il arrive-
rait trop tard : l'effet serait produit.

M. Franconie était perdu.

Et c'est alors, monsieur, je le répète, que vous
conçûtes la pensée de votre protestation. C'est alors
que vous vous mîtes à l'écrire. C'est alors que vous
m'y introduisîtes, en insinuant que *l'on était porté
à croire* que je m'étais rallié à la théorie Waldeck-
Rousseau *et cœteri*. C'est alors que vous distillâtes
toutes les autres insinuations dont votre brochure
est pleine à mon endroit. C'est alors, enfin, que
vous me fîtes l'ironique dédicace de votre œuvre.

Et tel est le secret de votre protestation et de
mon introduction en icelle.

La démonstration de ma thèse est-elle maintenant complète? Ai-je suffisamment prouvé que vous n'aviez nul besoin de protester contre la loi des récidivistes, mais qu'ayant à vous venger de moi, vous aviez trouvé ce terrain excellent pour le faire et essayer de me perdre dans l'estime publique à la Guyane?

Ce sera à vos lecteurs et aux miens à juger.

Maintenant, monsieur, vous me demanderez peut-être de quel droit j'ai cherché à vous imputer une si grande animosité contre moi?

Hélas! monsieur, ai-je vraiment besoin de vous le dire? — L'histoire politique passée de notre pays, notamment depuis 1870, ne répond-elle pas suffisamment pour moi et pour tous ceux qui connaissent cette histoire? — Ne justifie-t-elle pas suffisamment votre mauvaise humeur contre moi, du reste?

Et d'ailleurs, ne sommes-nous pas à la veille d'un renouvellement de législature?

Au demeurant, qui vous conteste votre droit de chercher à me *démolir*, comme on dit vulgairement?

Pas moi, assurément, Monsieur. Au contraire, je vous reconnais ce droit dans toute sa plénitude.

Mais ce que je ne pouvais vraiment laisser passer, c'était que vous vous y fussiez pris si tôt; c'était que vous eussiez usé des moyens dont vous vous étiez servi; c'était que vous m'eussiez accusé de choses dont je ne suis pas coupable; c'était que vous eussiez mis sur votre brochure : *Pour la Guyane*, quand il fallait y mettre : *Contre M. Franconie*, ou mieux encore, comme je l'ai fait moi-même pour vous l'indiquer : *Pour les électeurs législatifs de 1885 en Guyane;* c'était, enfin, que vous m'eussiez dédié votre *protestation* au lieu de la dédier à MM. Waldeck-Rousseau *et cœteri*.

Et alors, Monsieur, mon droit, à moi, devenait de vous rappeler à vous-même et à vos grandes facultés. Il devenait de vous rappeler à la réalité des choses.

Mais il devenait surtout de vous dire : attendez encore un peu; reprenez un peu plus tard la question et surtout tâchez de nous en tirer d'un meilleur... dossier.

C'est ce que j'ai fait.

Puissé-je, Monsieur, vous avoir montré que je ne suis encore, en effet, ni sourd, ni aveugle. Puissé-je surtout n'avoir pas encore accru votre.... mauvaise humeur contre moi.

Gustave Franconie.

Paris, 8 juin 1834.

---

15 juin, dernière heure.

Les lignes qui précèdent étaient écrites et déjà imprimées, Monsieur, lorsque le dernier courrier, arrivé de la Guyane le 12 courant, m'a apporté la nouvelle que déjà vous prépariez votre candidature aux prochaines élections législatives, et que déjà vous organisiez des réunions publiques à Cayenne, dans le but d'y commenter votre brochure, et apparemment de continuer à m'inculper.

Eh bien ! Monsieur, qu'en dites - vous ? Vous avais-je assez deviné ? La démonstration de ma thèse est-elle enfin assez complète maintenant ?

Allons, Monsieur, c'est au mieux.

Seulement, puisque vous avez encore trouvé..... habile de profiter de mon *absence* de la Guyane, pour ouvrir mon procès, vous ne trouverez pas mauvais, je pense, qu'à mon défaut, j'envoie au moins ces quelques lignes là-bas, pour me défendre contre vous, n'est-ce pas ?

Maintenant, ce sera encore une fois à nos compatriotes à juger, ayant désormais en mains toutes les pièces du procès.

Paris. — Imprimerie Nouvelle (association ouvrière), 11, rue Cadet.
G. Masquin, directeur. — 16150.